NOUVEAUX FRAGMENTS,

REPRESENTEZ POUR LA PREMIERE FOIS.

PAR L'ACADEMIE ROYALE DE MUSIQUE,

Le Jeudy 3.me. jour de Decembre 1711.

A PARIS,

Chez CHRISTOPHE BALLARD, seul Imprimeur du Roy
pour la Musique, ruë S. Jean de Beauvais, au Mont-Parnasse.

M. DCC XI.

Avec Privilege de Sa Majesté.

LE PRIX EST DE TRENTE SOLS.

PROLOGUE.

PERSONNAGES CHANTANTS.

ENUS,   Mademoiselle Pouſſin.

PLAISIRS, DIVINITEZ, & PEUPLES.

UN SAUVAGE AMERIQUAIN,
            Monſieur Dun.

CHOEUR D'AMERIQUAINS.

PERSONNAGES DANSANTS.

GRACES.

Meſdemoiſelles Lemaire, Haran, & Iſec.

NIMPHES DES BOIS.

Meſdemoiſelles Mangot, Dufreſne, Dimanche, & Doſliſe,

PLAISIRS.

Meſſieurs Germain, Gaudrau, P. Dumoulin,
& Dangeville.

JEUX.

Monſieur Dumoulin-L. & Mademoiſelle Chaillou.

AMERIQUAINS.

Monſieur D-Dumoulin.
Meſſieurs Marcel, Javilier, Favier, Dumirail, Pieret,
& Ramau.

PROLOGUE.

Le Théatre repréfente un lieu magni-
fique , difpofé pour recevoir
l'Amour.

SCENE PREMIERE.

VENUS, DIVINITEZ, & PEUPLES,
placez au tour du Théatre.

VENUS.

UN Heros que le Ciel fit naître
Pour le bonheur de cent Peuples divers,
Aime mieux calmer l'univers,
Que d'achever de s'en rendre le maître.

A ij

PROLOGUE.

Il cherche à rendre heureux jusqu'à ses Ennemis:
Tout est par ses Travaux dans une paix profonde;
Ce n'est plus qu'à l'Amour qu'il peut être permis
De troubler le repos du monde.

Tranquiles Cœurs, préparez-vous
A mille secretes allarmes;
Vous perdrez ce repos si doux,
Dont vous estimez tant les charmes;
Mais les troubles d'amour ont cent fois plus d'attraits,
Que la plus douce paix.

Nymphes des eaux, Nymphes de ce boccage,
Faites briller vos plus charmants appas:
Plaisirs, Graces, suivez mes pas,
Qu'avec nous tout s'engage
A célebrer la gloire de mon Fils;
Dieux qu'il a surmontez, Mortels qu'il a soûmis,
Venez luy rendre hommage.
L'Amour, le Vainqueur des Vainqueurs,
Va triompher de tous les cœurs.

CHOEUR.

L'Amour, le Vainqueur des Vainqueurs,
Va triompher de tous les cœurs.

LES GRACES, LES DRYADES & les PLAISIRS,
viennent accompagner VENUS.

PROLOGUE.

VENUS.

Si quelquefois l'Amour cause des peines,
Que c'est un danger, qu'il est doux de courir!
Ce Dieu charmant, sous ses plus rudes chaînes,
    Fait aimer les maux qu'il fait souffrir:

       Faut-il les craindre?
       Faut-il s'en plaindre?
Qui les ressent n'en veut jamais guerir.

Fieres Beautez, vos rigueurs seront vaines,
Tout cede à l'Amour, tout se laisse attendrir.
Ce Dieu charmant sous ses plus rudes chaînes,
    Fait aimer les maux qu'il fait souffrir:

       Faut-il les craindre?
       Faut-il s'en plaindre?
Qui les ressent n'en veut jamais guerir.

DEUX PLAISIRS.

Un cœur toûjours en paix, sans amour, sans desirs,
    Est moins heureux que l'on ne pense:
    Les plaisirs de l'indifference
    Sont d'ennuyeux plaisirs.

Les maux que fait l'Amour, ses chagrins, ses soûpirs
    Ne sont des maux qu'en apparence:
    Les plaisirs de l'indifference
    Sont d'ennuyeux plaisirs.

SCENE SECONDE.

Du Temple
de la P A I x. Les Sauvages des Provinces de l'Ameri-
que qui dépendent de la France, font
connoître par leurs Chanſons, & par
leurs Danſes, le plaiſir qu'ils ont d'être
ſous l'Empire d'un Roy puiſſant &
glorieux qui les fait joüir d'une heu-
reuſe tranquilité.

SAUVAGES AMERIQUAINS.

UN SAUVAGE.

Nous avons traverſé le vaſte ſein de l'Onde,
  Pour venir rendre hommage au plus puiſſant
des Roys :
Il prefere au bonheur d'être Vainqueur du Monde,
La gloire de tenir dans une paix profonde
    Ses Ennemis vaincus cent & cent fois.
Son Nom eſt reveré des Nations ſauvages.
    Juſqu'aux plus reculez Rivages,
  Tout retentit du bruit de ſes Exploits.
  Ah! qu'il eſt doux de vivre ſous ſes loix.

CHOEUR.

Son nom est reveré des Nations sauvages.
Jusqu'aux plus reculez Rivages,
Tout retentit du bruit de ses Exploits.
Ah! qu'il est doux de vivre sous ses loix.

Une partie des Sauvages chante au milieu des Danses
des autres Sauvages.

CHOEUR.

Dans ces lieux, il faut que tout ressente
Le retour d'une Paix si charmante.
Les Amants sont les seuls désormais
Que l'on doit entendre icy se plaindre:
Sans l'Amour & sans ses traits
Tout seroit en paix,
On n'auroit plus rien à craindre.

L'heureux sort qu'un doux repos prepare
Doit charmer le cœur le plus barbare.
Les Amants sont les seuls désormais
Que l'on doit entendre icy se plaindre:
Sans l'Amour & sans ses traits
Tout seroit en paix,
On n'auroit plus rien à craindre.

CHOEURS.

L'Amour, le Vainqueur des Vainqueurs,
Va triompher de tous les cœurs.

FIN DU PROLOGUE.

LA PASTORALE.

LA PASTORALE.

PERSONNAGES CHANTANTS.

PALEMON, *Berger aimé de* SILVIE,
Monſieur Cochereau.

ARCAS, *Prince d'Arcadie, amoureux de* SILVIE,
Monſieur Hardoüin.

SILVIE, *Bergere, amante de* PALEMON,
Madame Peſtel.

DEUX BERGERES. M^elles Ducemetiere, & Linbour.
UN BERGER. Monſieur Buſeau.
Troupe de Bergers & de Bergeres.

PERSONNAGES DANSANTS.

PREMIER ACTE.

BERGERS ET BERGERES.

Meſſieurs Dumoulin-L. Marcel, Gaudrau, & Favier.

Mademoiſelle Guyot.

Meſdemoiſelles Chaillou, Lemaire, Menés, & Maugis.

La Scene eſt dans l'Arcadie.

LA PASTORALE.

Le Théatre repréfente dans le fond un Hameau,
& fur le devant un Bocage, avec un Autel
au milieu.

SCENE PREMIERE. Du Ballet des
Muses.

PALEMON.

OIS écartez, fombres Retraites,
Je vous ai mille fois confié mes foûpirs:
Mon amour a touché l'Objet de mes
    defirs,
Et je me plains encor de mes peines
    fecretes.

    Ah ! quel eft le fort d'un Amant !
Quand il n'eft point aimé, qu'il éprouve d'allarmes !
Et quand d'un fort plus doux il peut goûter les charmes,
La crainte de les perdre eft un nouveau tourment.

A ij.

Bois écartez, sombres Retraites,
Je vous ai mille fois confié mes soûpirs :
Mon amour a touché l'Objet de mes desirs,
Et je me plains encor de mes peines secretes.

J'aime Silvie : Arcas vient souvent dans ces lieux,
  Il est maître de cet Empire :
   Quel seroit mon malheur, ô Dieux !
S'il aimoit la Beauté pour qui mon cœur soûpire !

Mais, que vois-je ? c'est luy qui paroît à mes yeux !

SCENE DEUXIÉME.

PALEMON, ARCAS.

PALEMON.

Nos Bergers vont offrir une Fête nouvelle
Aux Dieux, de qui les soins conservent nos troupeaux :
Je vais les rassembler dans les prochains hameaux ;
Vôtre auguste presence animera leur zele.

ARCAS.

Arrête, Palemon, je veux t'ouvrir mon cœur.
J'ai mille fois brûlé d'une inconstante ardeur ;
  Mais, je sens naître dans mon ame
Le charme imperieux d'une éternelle flâme.

C'est ici que l'Amour de ses traits m'a blessé,
  J'y viens avec un soin extrême,
  Et je me plais dans le lieu même
  Où mon tourment a commencé.

LA PASTORALE.

PALEMON.

Quel Objet en ces lieux tient vôtre ame asservie ?

ARCAS.

J'aime l'adorable Silvie.
Aux fêtes de Palés je la vis un moment,
Je l'aimerai toute ma vie ;
Ce moment de plaisir fut payé cherement !
La nuit trop prompte & trop cruelle
Me força de quitter Silvie & ce Hameau,
Chaque pas que je fis en me separant d'elle
Sembloit me conduire au tombeau.

PALEMON, à part.

Ciel !

ARCAS.

Ton secours m'est necessaire ;
Dy-moi, si par l'amour son cœur n'est point charmé ;
Puis-je esperer d'en être aimé ?
Et n'est-ce point trop tard que je cherche à luy plaire ?

PALEMON.

Quel Objet pourroit resister
A l'éclat qui vous environne ?
Quand on possede une couronne,
On se fait sans peine écouter.

ARCAS.

Juge mieux d'une ardeur si belle,
Que ne suis-je Berger ? que ne puis-je auprés d'elle
Par des soins seulement combattre sa rigueur ?
Mais elle vient ; je sens augmenter ma langueur.

SCENE TROISIÉME.

ARCAS, PALEMON, SILVIE,

Troupe de BERGERS, & de BERGERES, qui viennent celebrer des jeux en l'honneur de leurs Dieux champêtres. SILVIE préside à cette Fête.

CHOEUR.

Dieux, qui protegez nos Hameaux,
Recevez aujourd'huy les vœux qu'on vous adresse ;
Pour tout bien, pour toute richesse,
Conservez toûjours nos troupeaux.

Les Bergers & les Bergeres par des Danses & des Chants forment le Divertissement.

SILVIE.

Dans ce charmant azile
Nous joüissons d'un sort tranquile,
Rien ne s'oppose à nos desirs :
Nous nous livrons à la tendresse,
Nos troupeaux font nôtre richesse,
Et l'amour seul fait nos plaisirs.

Le Divertissement continuë.

CHŒUR.

Dieux, qui protegez nos Hameaux,
Recevez aujourd'huy les vœux qu'on vous adreße ;
Pour tout bien, pour toute richeße,
Conservez toûjours nos troupeaux.

UN BERGER.

Charmante Mere des Amours,
C'eſt vous qui faites nos beaux jours,
Rendez nos flâmes éternelles :
Nous renonçons à la grandeur,
Il ſuffit, pour nôtre bonheur,
Que nos Bergeres ſoient fidélles.

UNE BERGERE.

Rend toûjours nos Bergers conſtants ;
Amour, nos vœux ſeront contents,
Nous n'aurons plus rien à prétendre ;
L'empire qui peut nous charmer
Eſt de regner ſur un cœur tendre
Qui ſçait conſtamment nous aimer.

DEUX BERGERES & le CHŒUR, alternativement.

Que toûjours
De ſes pleurs l'Aurore
Nous faße éclore,
Les treſors de Flore ;

LA PASTORALE.

Que toûjours
Ces heureux Bocages
Par leurs ombrages
Servent les Amours.

UNE BERGERE.

Loin des allarmes,
Du bruit des armes,
Les ris, les jeux
Previennent nos vœux.

CHOEUR.

Que toûjours
De ses pleurs l'Aurore
Nous fasse éclore
Les tresors de Flore;
Que toûjours
Ce heureux Bocages
Par leurs ombrages
Servent les Amours.

UNE AUTRE BERGERE.

La paix tranquile
De cet azile
Vaut mieux cent fois
Que le fort des Rois.

SILVIE.

LA PASTORALE.

CHOEUR.

Que toûjours
De ſes pleurs l'Aurore
Nous faſſe éclore
Les treſors de Flore ;
Que toûjours
Ces heureux Bocages
Par leurs ombrages
Servent les Amours.

La fête finie ; Tous les B E R G E R S ſe retirent ;
& A R C A S arrête S I L V I E.

SCENE QUATRIÉME.

ARCAS, SILVIE.

ARCAS.

ME fuyez-vous, Silvie ? arrêtez en ces lieux,
C'est trop-tôt leur ravir l'éclat de vos beaux yeux.

SILVIE.

Je venois en ces bois voir la fête nouvelle,
Nos Bergers ont fini leurs chants.

ARCAS.

La fête en ces bois vous appelle ?
Ah ! que nos soins sont differents !
Non je ne sçaurois plus me contraindre au silence,
Je vous aime, Silvie, & vos divins attraits
Ont sçû vaincre ma resistance,
Et m'arracher l'aveu que je vous fais.

Oubliez mon pouvoir suprême,
Et n'écoutez que mon ardeur :
C'est un plaisir charmant de devoir ce qu'on aime
Aux soins de son amour, plûtôt qu'à sa grandeur.

SILVIE.

Je sçais trop la distance
Que le sort a mise entre nous.

ARCAS.

L'Amour qui me soûmet à vous
Peut égaler les cœurs qu'il tient sous sa puissance.
Quelque Amant plus heureux détruit mon esperance.

SILVIE.

Parmi les grandeurs de la Cour
A taire ses secrets chacun sçait se contraindre ;
Mais dans ce tranquile séjour,
Nous n'apprenons point l'art de feindre.

Le plus tendre Berger des Hameaux d'alentour
A prévenu mon cœur du plus fidele amour :
Les mêmes lieux nous virent naître,
Entre nous l'amitié forma les premiers nœuds ;
Mais enfin de nos cœurs l'Amour se rendit maître,
Nous ressentîmes ses feux
Avant que de les connoître.

ARCAS.

La gloire en ce moment
Doit de vos premiers feux effacer la memoire ;

SILVIE.

Je ne connois point d'autre gloire
Que celle d'aimer constamment.

Non, je ne puis briser une chaîne si belle;
Toûjours à mon Berger mon cœur sera fidelle:
Sa main sur ces ormeaux a tracé nos amours,
Tout y marque nôtre tendresse;
Ces traits s'augmentent tous les jours,
Et nos feux s'augmentent sans cesse.

ARCAS.

Je ne puis resister à mes transports jaloux,
Craignez pour cet Amant, redoutez ma vengeance

SILVIE.

O Ciel! quel funeste couroux!

PALEMON *paroît au fond du Théatr.*

ARCAS.

Je sçaurai découvrir le Rival qui m'offense.

SCENE CINQUIÉME.

ARCAS, SILVIE, PALEMON.

PALEMON.

VOus voyez devant vous ce Rival odieux,
    J'ay toûjours adoré Silvie,
    Et ce n'est qu'en m'ôtant la vie,
Que l'on peut m'arracher un bien si précieux.

    La mort la plus cruelle
    N'allarme point un tendre cœur ;
    Le plaisir de mourir fidelle
    En dissipe toute l'horreur.

SILVIE à ARCAS.

Pourriez-vous exiger ce cruel sacrifice ?
    S'il meurt, il faut que je perisse.

    Mon amour ne sçauroit finir,
    Quoy qu'ordonne le sort barbare,
    Si vôtre rigueur nous separe,
    La mort sçaura nous réünir.

A R C A S à part.

Fut-il jamais une ardeur si fidelle !
Ah ! quelle rigueur cruelle
De briser de si beaux nœuds....
Faisons un effort genereux

à SILVIE.

Je vous aime, Silvie, & je suis trop sensible :
Vos regards pour mon cœur seroient trop dangereux ;
Je vais loin de vos yeux, je vais, s'il est possible,
Eteindre un amour malheureux.

Il sort.

PALEMON & SILVIE.

Joüissons des douceurs d'une tendresse extrême,
La richesse n'est rien pour un cœur enflâmé :
Aimer constamment, être aimé,
Est un bien plus charmant que la grandeur suprême.

FIN DE LA PASTORALE.

LE CARNAVAL ET LA FOLIE.

A 3

PERSONNAGES CHANTANTS.

LA FOLIE, *Fille de Plutus & de la Juneſſe.*
Mademoiſelle Pouſſin.

LE CARNAVAL, Monſieur Dun.

LE FLEUVE LETHE', Monſieur Hardoüin.

CHOEUR DE MATELOTS.

CHEF DES MATELOTS. Monſieur Lebel.

PERSONNAGES DANSANTS.

SECOND ACTE.

MATELOTS ET MATELOTES.

Meſſieurs F-Dumoulin, P-Dumoulin, D-Dumoulin,
& Dangeville.

Mademoiſelle Prevôt.

Meſdemoiſelles Menés, Maugis, Haran, & Iſec.

LE CARNAVAL
ET LA FOLIE.

Le Théatre repréſente une Campagne fertile.
On voit ſur le devant d'un des côtez du
Théatre le Fleuve Léthé endormi ſur ſon Urne,
& au fonds la Mer.

SCENE PREMIERE.

LE CARNAVAL.

Ous les loix de l'Himen je me range
  ſans peine,
Mon cœur y trouve des appas ;
Dieu du vin, n'en murmure pas,
Tu dois t'applaudir de ma chaîne.

Les doux plaiſirs qu'il prépare pour moy
Mettront le comble à ta victoire ;
Les fruits de mon himen ne naîtront que pour toy,
Bachus, je les voüë à ta gloire.

A ij

SCENE DEUXIÉME.

LE CARNAVAL, LA FOLIE.

LE CARNAVAL.

ENfin la Beauté que j'adore,
Va s'unir avec moy par les nœuds les plus doux :
L'himen va soûlager le feu qui nous dévore ;
Que nous serons d'heureux époux !

LA FOLIE.

Nous ne le sommes pas encore.

LE CARNAVAL.

Plutus & la Jeunesse approuvent mon ardeur,
Vous leur devez le jour : Qui peut encor me nuire ?

LA FOLIE.

Moy ?

LE CARNAVAL.

Vous ?

LA FOLIE.

J'allois sans eux faire vôtre bonheur ;
Leur aveu vient de le détruire.

LE CARNAVAL.

Vous voulez rire ?

LA FOLIE.

Non, non, apprenez une fois
A connoître mieux la Folie,
Je ne suis point soûmise aux loix
De ceux qui m'ont donné la vie,
Le contraire de leur envie,
Détermine toûjours mon choix.

LE CARNAVAL.

Quoy ! malgré les plaisirs où l'himen nous convie...

LA FOLIE.

Cet himen , ces plaisirs ne sont plus de saison.

LE CARNAVAL.

Vous changeriez , Perfide ! & par quelle injustice ?..

LA FOLIE.

Je vous aimois sans raison ,
Et je change par caprice.

LE CARNAVAL.

Ciel , me reserviez-vous à ce cruel supplice !

LA FOLIE.

J'entends vôtre cœur soûpirer
De l'excés de vôtre martire :
Goûtez , si vous voulez , le plaisir d'en pleurer ;
Mais , laissez-moy celuy d'en rire.

LE CARNAVAL
LE CARNAVAL.

Non, non, n'esperez pas joüir de mes douleurs.
LA FOLIE.

Ne cachez point les allarmes
Que vous causent mes rigueurs :
Versez du moins quelques pleurs,
Pour la gloire de mes charmes.
LE CARNAVAL.

Non, non, n'esperez pas joüir de mes douleurs.

Je dégage mon cœur & je vous rends le vôtre,
Ce n'est plus qu'au dépit que je me veux livrer ;
Amour, cesse de m'assûrer
Que nous étions faits l'un pour l'autre,
Ce n'est plus qu'au dépit que je me veux livrer.
LA FOLIE.

Vous pouvez éprouver le charme
Des ondes dont ce fleuve arrose ces côteaux :
Ne croyez pas que vôtre oubli m'allarme,
Ma beauté me promet mille esclaves nouveaux.
LE CARNAVAL.

Vous serez contente, Inhumaine,
J'éteindray tous les feux dont mon cœur est rempli ;
Indigne d'amour & de haine,
Vous ne meritez que l'oubli.

Fuyons, souffrons enfin que la raison me guide,
Je vais loin de vos yeux briser d'indignes fers :
Je vais entre nous deux, Perfide,
Mettre tout l'espace des Mers.
Allons....

LA FOLIE.

Ah! n'ayons pas l'affront que l'on me quitte,

Neptune, tu me dois l'hommage des Mortels;
C'est moy qui par leurs mains ay dressé tes Autels,
Refuse ton onde à sa fuite.

La Mer se soûleve & les vents grondent.

LA FOLIE.

Vous voyez mon pouvoir; tous les vents furieux
Ont troublé le repos de l'onde,
La terre tremble, le ciel gronde,
Les flots s'élevent jusqu'aux cieux.

CHOEUR de gens qui font naufrage.

Ciel! ô Ciel!

LA FOLIE & LE LE'THE'.

Quels malheureux perissent?

CHOEUR.

Mille abîmes profonds s'offrent à nos regards;
Les ondes & la mort entrent de toutes parts:
Dieux! ô Dieux! que nos cris, que nos vœux vous
fléchissent!

Une Troupe de Matelots descend d'un Vaisseau
échoüé.

SCENE TROISIÉME.

LA FOLIE, LE CARNAVAL, LE LE'THE', LE CHEF DES MATELOTS, & LES CHOEURS.

LA FOLIE au CARNAVAL.

CE sont mes favoris que vous voyez venir,
L'orage sur ces bords les contraint de descendre:
Ne vous éloignez pas, ils pourront vous apprendre,
A perdre un triste souvenir.

LE CHEF DES MATELOTS.

Nos Compagnons victimes de l'orage,
Ont soufferts à nos yeux un trépas plein d'horreurs;
Privez au fonds des eaux des funebres honneurs,
Leurs manes vont errer sur le fatal rivage,
Ne nous exposons plus à de pareils malheurs.

CHOEUR.

Que les vents loin de nous exercent leur ravage,
Evitons à jamais les écüeils & l'orage.

LE LE'THE'.

O vous que le Sort livre à des maux déplorables,
Venez chercher icy la fin de vos malheurs:
Avec mes ondes favorables,
J'en répands l'oubli dans les cœurs.

CHOEUR.

De ce Dieu secourable éprouvons les faveurs.

Les Matelots vont boire des eaux du fleuve pendant
son Recit.

LE LE'THE'.

ET LA FOLIE.

LE LE'THE'.

Je calme en un instant les chagrins les plus sombres,
Envain le doux Nectar fait le bonheur des Dieux :
Il est encor moins precieux,
Que ces paisibles eaux qui coulent pour les Ombres.

LE CHEF DES MATELOTS avec LE CHOEUR.

Embarquons-nous, tout rit à nos desirs,
Le vent propice nous seconde :
La Fortune & tous les plaisirs
Nous attendent au bout du monde.

LA FOLIE.

Arrêtez, Ingrats, arrêtez ;
Et du moins en partant rendez-moy vôtre hommage.

C'est moy qui vous trace l'image,
Des biens & des plaisirs que vous vous promettez,
Et vôtre espoir est mon ouvrage :

Arrêtez, Ingrats, arrêtez,
Et du moins en partant rendez-moy vôtre hommage.

Les Matelots luy rendent leur hommage. Elle les
touche de sa Marotte, ce qui leur donne
une nouvelle ardeur.

LE CARNAVAL
LA FOLIE.

L'Orage en amour préſage un doux ſort,
Le plus cher des plaiſirs nous attend au port.

Un beau jour s'apprête,
Tout ſert nos deſirs,
Voyez la tempeſte
Céder aux Zephirs.
L'Orage en amour préſage un doux ſort,
Le plus cher des plaiſirs nous attend au port.

Paſſez au rivage
L'hiver de vos ans,
Craignez moins l'orage
Dans vôtre printemps ;
Voguez en paix & bravez la rage
Des flots & des vents.
L'orage en amour préſage un doux ſort,
Le plus cher des plaiſirs nous attend au port.

On danſe.

LA FOLIE.

Jeuneſſe trop timide
Venez vous embarquer,
L'Amour eſt vôtre guide
Rien ne peut vous manquer :
Voguez, malgré l'orage,
Au gré de vos deſirs ;
Laiſſez ſur le rivage
Les ſoins & les ſoûpirs,
Et mettez du voyage,
Les jeux & les plaiſirs.

Les Danſes continuent.

LA FOLIE & LE CHOEUR.

Vents qui ne troublez point les flots,
Regnez sur les humides plaines :
Fuyez, Vents orageux, laissez l'onde en repos,
Eole, ressere leurs chaînes.

Les Matelots se rembarquent.

SCENE QUATRIÉME.

LE CARNAVAL & LA FOLIE.

LE CARNAVAL.

LA raison contre vous n'a que de foibles armes,
Je ne puis vaincre mon ardeur ;
Les efforts que je fais pour oublier vos charmes,
Les gravent encor mieux dans le fonds de mon cœur.

Il est temps qu'à mes feux vôtre caprice cede,
Commencez mes plaisirs, & terminez mes maux.

LA FOLIE.

Je vous laisse avec le remede,
Vos yeux vous ont appris le pouvoir de ces eaux.

SCENE CINQUIÉME.

LE CARNAVAL.

OUy, Perfide, il est temps que mon dépit éclate,
Puisons icy l'oubli de mes folles amours ;
Mais non, pour oublier l'Ingrate
Le vin est le plus sûr secours.

Etein mes feux, brise ma chaîne ;
Dieu du vin, gueri ma langueur :
Verse, verse à longs-traits ta charmante liqueur ;
Et pour me vanger de ma peine,
Vien noyer l'Amour dans mon cœur.

Je vais chercher Momus, je veux qu'à tasse pleine,
Il m'aide à triompher de mon indigne ardeur ;
Bachus, rends aujourd'huy ma victoire certaine,
Verse, verse à longs-traits ta charmante liqueur ;
Et pour me vanger de ma peine,
Vien noyer l'Amour dans mon cœur.

FIN DU CARNAVAL ET LA FOLIE.

LA VENITIENNE.

PERSONNAGES CHANTANTS.

LEONORE, Madame Peſtel.

L'OCTAVE, *Amant de Leonore*, Mr Cochereau.

ISABELLE, *Amante d'Octave*, *déguiſée en Venitien*, Mademoiſelle Antier.

SPINETTE, *Suivante d'Iſabelle*, M

Troupe de Maſques.

PERSONNAGES DANSANTS.

TROISIE'ME ACTE.

MASQUES GALANTS.

Meſſieurs Marcel, & Gaudrau.
Meſdemoiſelles Chaillou, & Lemaire.

MASQUES COMIQUES.

Meſſieurs Javilier, & Pieret.
Meſdemoiſelles Mangot, & Dufreſne.

Troupes de Maſques ſerieux & Comiques.

MESSIEURS.	MESDEMOISELLES.
P-Dumoulin.	Menés.
Dangeville.	Haran.
Dumirail.	Maugis.

Meſſieurs Duval, & Mareſchal.

LA VENITIENNE.

Le Théatre repréfente un Appartement,
préparé pour le Bal.

SCENE PREMIERE.

LEONORE.

Uand je revoy l'Objet de mes amours,
Le temps s'enfuit d'une viteffe ex-
trême ;
Mais helas ! il fuſpend ſon cours,
Quand je ne voy plus ce que j'aime.
O Temps, ſervez mieux nos deſirs,
Réparez de l'Amour les rigueurs inhumaines ;
Arrêtez-vous, pour fixer ſes plaiſirs,
Volez, pour abreger ſes peines.

SCENE DEUXIÉME.

LEONORE, OCTAVE.

OCTAVE.

Vous resviez seule en ce séjour,
La solitude invite à l'amoureuse flâme ;
Ne craignez-vous point que l'Amour
Ne prenne ces moments pour surprendre vôtre ame ?

LEONORE.

Il me livre de vains combats,
Avec vôtre secours, c'est envain qu'il me presse ;
Mon cœur brave tous ses appas,
Et je ne crains point qu'il me blesse.

OCTAVE.

Craignez qu'il ne vous blesse pas.

Mais non, vous me cachez envain vôtre foiblesse,
Vous aimez l'Inconnu qui vous cherche sans cesse.

LEONORE.

Le masque m'a caché ses traits jusqu'à ce jour.

OCTAVE.

Ah ! c'est assez pour vous d'avoir vû son amour.

LEONORE.

Ne me reprochez plus ny mon indifference,
Ny l'amour que vous soupçonnez ;
Songez qu'un autre Objet pleure vôtre inconstance,
Et redemande un cœur, qu'envain vous me donnez.

OCTAVE.

Vous insultez, Cruelle, aux maux que vous me faites;
N'importe, Ingrate que vous êtes,
Connoissez de l'Amour quel est tout le pouvoir.

En vain vous m'outragez sans cesse,
Je sens que vos rigueurs irritent ma tendresse,
Je fais tout mon bonheur du plaisir de vous voir;
Je ne puis vaincre ma foiblesse,
Je ne puis même le vouloir.

ISABELLE masquée, paroît avec une Troupe de Masques.

LEONORE, à part.

L'Objet qui m'a charmé vient de fraper mes yeux,
Eloignons un moment son Rival de ces lieux.

à OCTAVE.

Octave, allez vous-même avertir Isabelle.

OCTAVE.

Eh! pourquoy voulez-vous qu'elle soit de ces jeux?

LEONORE.

Allez, vous dis-je, je le veux.
Et ne revenez pas sans elle.

OCTAVE, à part.

Quels soupçons viennent m'agiter!
Demeurons, & sçachons s'il s'y faut arrêter.

SCENE TROISIÉME.

IS ABELLE masquée, & déguisée en Venitien

LEONORE, OCTAVE.

ISABELLE.

JE vous revois enfin, aimable Leonore,
Que de nouveaux attraits ! que mes yeux son
charmez !

LEONORE.

Helas ! vous m'assûrez, toûjours que vous m'aimez
Et je n'ay pû vous voir encore.

ISABELLE.

Je perdrois vôtre cœur, pour contenter vos yeux ;
Vous m'en aimeriez moins, si vous me voyez mieu.

LEONORE.

Que dites-vous, Ingrat, ces injustes allarmes
Vous obligent à vous cacher ?

ISABELLE.

J'aurois envain les plus aimables charmes,
Ils pourroient ne vous pas toucher.

C'est par ma seule ardeur que je prétends vous plai

LEONORE.

Vos refus ne font voir qu'une ardeur bien legere.

LA VENITIENNE.

ISABELLE.

Mon cœur brûle de mille feux,
La Constance & l'Amour y triomphent ensemble,
Non, dans tout l'Empire amoureux,
Vous ne trouverez point d'Amant qui me ressemble.

Mais si mon cœur est tendre, il n'est pas moins jaloux.
Je crains qu'Octave un jour ne vous fléchisse ;
Il vous rend mille soins …

LEONORE.

Je les méprise tous.

ISABELLE.

N'importe , son amour m'est un cruel supplice.

Ah! cachez à ses yeux les beautez que je voy ;
Eteignez son amour , pour bannir mes allarmes :
Moins il vous trouvera de charmes,
Et plus vous en aurez pour moy.

LEONORE.

N'estes-vous pas le seul de qui l'ardeur m'enchante ?
Tout autre amour m'est odieux :
Je voudrois être encor mille fois plus charmante,
Mais, je voudrois ne l'être qu'à vos yeux.

ENSEMBLE.

Suivons l'Amour qui nous appelle ;
Qu'il enchaîne nos cœurs de ses nœuds les plus beaux ;
Que nôtre ardeur soit éternelle,
Et nos plaisirs toûjours nouveaux.

OCTAVE.

Ah ! c'en eſt trop , je cede à cette offenſe.

à LEONORE.

Inhumaine , quel prix reçois-je de mes vœux ?
C'eſt donc là cette indifference
Que vous oppoſiez à mes feux.
Malheureux , quelle erreur avoit ſéduit mon ame ?
Je preſſois vôtre cœur de ſe laiſſer charmer ,
Tandis que le Cruel qui dédaignoit ma flâme ,
Ne ſçavoit que trop bien aimer.

LEONORE.

Vous voyez une ardeur que je voulois vous taire ,
La raiſon doit vous dégager.

OCTAVE.

Ah ! l' Amour dans mon cœur fait place à la colere ;
Je ne vous perdray pas du moins , ſans m'en venger.

ISABELLE.

Calmez la fureur qui vous guide ;
Peut-être qu'Iſabelle eſt cachée en ces lieux.
Ne rougiriez-vous point de montrer à ſes yeux
Ce deſeſpoir perfide ?

OCTAVE.

Quoy ! mon Rival oſe encor m'inſulter ?

ISABELLE.

Crain que je n'oſè davantage.

OCTAVE.

O Ciel !

LEONORE, à ISABELLE.

Ceſſez de l'irriter.

ISABELLE.

Non , ſes feux me font trop d'outrage.

Tremble

LA VENITIENNE.

OCTAVE, & ISABELLE.

Tremble, crain l'amour en couroux,
Tremble, crain ma jalouſe rage.

LEONORE.

Cruel! à quels tranſports vous abandonnez-vous?

OCTAVE.

Ingrate, c'eſt luy ſeul qui cauſe vos allarmes;
C'eſt pour luy que coulent ces larmes.
Ah! vangeons-nous, briſons un funeſte lien;
D ſon ſang odieux voyez rougir mes armes,
Et pleurez ſon trépas, ou joüiſſez du mien.

ISABELLE ôtant ſon maſque d'une main,
& de l'autre tirant ſon Poignard.

Connoy-moy donc, Perfide, & frape ſi tu l'oſes.

LEONORE, & OCTAVE.

Que voy-je!

LEONORE.

Amour, à quels maux tu m'expoſes?

Elle ſort.

SCENE QUATRIÈME.
OCTAVE, ISABELLE.

ISABELLE.

Qui te retient, Ingrat, suy ton ressentiment,
Sois mon vainqueur, ou ma victime ;
Que l'un de nous périsse en ce moment ;
Perfide, vien combler ton crime,
Ou recevoir ton châtiment.

OCTAVE.

Je ne puis revenir de mon étonnement.

ISABELLE.

J'ay touché l'Objet qui t'enchante,
Sous ce déguisement, j'ay traversé tes vœux ;
Mais je sens malgré moy ma colere mourante ;
Cesse de m'offenser, repren tes premiers nœuds,
Ne vois en moy qu'une fidelle Amante ;
N'y vois plus de Rival heureux.

Laisse-toy vaincre à ma constance,
Laisse à mes tendres feux rallumer ton ardeur :
Mes larmes, mes soûpirs sont toute ma vengeance ;
Voy l'Amour dans mes yeux redemander ton cœur.

Qu'au moins la pitié t'attendrisse;
Mais helas! ton mépris comble encor mes malheurs!
Quoy! se peut-il que rien ne te fléchisse?
Tu me plains un regard.

OCTAVE.

Je vous cache mes pleurs.

Tant d'amour touche enfin mon ame;
Plus charmé que jamais, je tombe à vos genoux:
Accordez le pardon d'une infidelle flâme
A celle que mon cœur sent renaître pour vous.

ISABELLE.

Cher Octave!

OCTAVE.

Isabelle!

ENSEMBLE.

Helas!
Puis-je esperer que vous m'aimiez encore?

ISABELLE.

Cher Octave!

OCTAVE.

Isabelle!

ENSEMBLE.

Helas!
Tout vous dit que je vous adore.

ISABELLE.

Mes larmes,

OCTAVE.

Mes regrets,

ISABELLE.

Mes soûpirs,

OCTAVE.

Vos appas,

ENSEMBLE.

Tout vous dit, que je vous adore.

OCTAVE.

J'ay sçû que dans cet Antre où m'a conduit ma flâme,
Vôtre voix m'a tantôt rappellé sous vos loix;
Ce qu'a commencé vôtre voix,
Vos yeux l'achevent dans mon ame.

ISABELLE.

On vient. Que cette Feste aura d'attraits pour moy!
Je luy dois le bonheur de vous voir sous ma loy.

SCENE CINQUIÉME.

OCTAVE, ISABELLE, ZERBIN,
SPINETTE, Troupe de Masques.

CHOEUR.

Loin de nos jeux, importune Sagesse,
Ne troublez point un si beau jour;
Accourez, aimable Jeunesse,
Amenez les Ris, & l'Amour.

On danse.

ISABELLE.

D'un Infidele enfin, J'ay rallumé la flâme,
Et jamais le bonheur de regner dans son ame
  N'avoit tant flaté mes desirs.
Amour, s'il eût été plus constant dans mes chaînes,
J'ignorerois encor tes plus cruelles peines ;
Mais mon cœur n'auroit pas goûté tous tes plaisirs.

SPINETTE, & ZERBIN.

Nôtre jeunesse
  S'enfuit sans cesse,
N'en perdons pas les précieux instants ;
  N'aimons que pour rire,
  Point de martire,
Dans nos liens, soyons toûjours contents.
Des traits de l'Amour ne craignons point l'atteinte ;
  Mais qu'il nous les laisse choisir.
  Fuyons la contrainte,
  La jalouse crainte,
Un cœur doit n'aimer que pour son plaisir.

AIR ITALIEN.

Farfalletta senza core,
Và girando intorno'allume,
Per amor che m'infiammo.

E d'Amor col dolce'ardore,
Col m'accete il mio bel Nume,
Che la pace m'involo.
Da capo.

FIN DE LA VENITIENNE.

PRIVILEGE GENERAL.

LOUIS PAR LA GRACE DE DIEU, ROY DE FRANCE ET DE NAVARRE: à nos amez & feaux Conseillers, les Gens tenant nos Cours de Parlement, Maîtres des Requêtes ordinaires de nôtre Hôtel, Grand Conseil, Prévôt de Paris, Baillifs, Senéchaux, leurs Lieutenants Civils, & autres nos Justiciers qu'il appartiendra; SALUT: Le Sieur GUYENET, nôtre Conseiller-Tresorier-General-Receveur & Payeur des Rentes de l'Hôtel de nôtre bonne Ville de Paris, Nous a fait remontrer qu'ayant obtenu de Nous le Privilege de faire representer les OPERA durant le temps de dix années, à compter du premier Mars 1709. Il auroit depuis acquis les Privileges que Nous avions cy devant accordez aux Sieurs de Francini, de Lully fils, & Ballard, pour l'impression desdits OPERA, lesquels il desireroit donner au Public, s'il Nous plaisoit luy accorder nos Lettres de Privilege sur ce necessaires. A CES CAUSES, desirant favorablement traiter l'Exposant, attendu les grandes dépenses qu'il convient faire, tant pour l'Impression que pour la Gravure en Taille-douce des Planches dont ce Livre sera orné. Nous luy avons permis & permettons par ces présentes de faire imprimer & graver les PAROLES, ET LA MUSIQUE DE TOUS LESDITS OPERA QUI ONT ETE', OU QUI SERONT REPRESENTEZ PAR L'ACADEMIE ROYALE DE MUSIQUE, tant separement, que conjointement, en telle forme, marge, caractere, nombre de Volumes, & de fois que bon luy semblera, & de les faire vendre & debiter par tout nôtre Royaume, pendant le temps de dix années consecutives, à compter du jour de la datte desdites présentes. FAISONS DEFENSES à toutes personnes de quelque qualité & condition qu'elles puissent étre, d'en introduire d'impression étrangere, dans aucun lieu de nôtre obeïssance; Et à tous Imprimeurs, Libraires, Graveurs, & autres, d'imprimer, faire Imprimer, vendre, faire vendre, debiter, ny contrefaire lesdites Impressions, Planches & Figures, en tout ny en partie, sans la permission expresse & par écrit dudit Sieur Exposant, ou de ceux qui auront Droit de luy, à peine de confiscation des Exemplaires contrefaits, de six mil livres d'amende contre chacun des contrevenants, dont un tiers à Nous, un tiers à l'Hôtel-Dieu de Paris, l'autre tiers audit Sieur Exposant, & de tous dépens, dommages & interests : à la charge que ces présentes seront Enregistrées tout au long sur le Registre de la Communauté des Imprimeurs & Libraires de Paris, & ce dans trois mois de la datte d'icelles; Que la Gravure & Impression desdits Opera, sera faite dans nôtre Royaume, & non ailleurs, en bon Papier & en beaux Caracteres conformement aux Reglements de la Librairie; & qu'avant que de les exposer en vente, il en sera mis deux Exemplaires dans nôtre Bibliotheque publique, un dans celle de nôtre Château du Louvre, & un dans celle de nôtre tres-cher & feal Chevalier Chancellier de France le Sieur Phelypeaux, Comte de Pontchartrain, Commandeur de nos Ordres; le tout à peine de nullité des présentes : du contenu desquelles, vous mandons & enjoignons de faire joüir ledit Sieur Exposant, ou ses Ayants cause, pleinement & paisiblement, sans souffrir qu'il leur soit fait aucun trouble ou empêchement. Voulons que la copie desdites présentes, qui sera imprimée, au commencement ou à la fin desdits Opera, soit tenuë pour duëment signifiée, & qu'aux copies collationnées, par l'un de nos amez & feaux Conseillers & Secretaires, foy soit ajoutée comme à l'Original. COMMANDONS au premier nôtre Huissier ou Sergent, de faire pour l'exécution d'icelles, tous Actes requis & necessaires, sans demander autre permission, & nonobstant Clameur de Haro, Charte Normande, & Lettres à ce contraires : CAR tel est nôtre plaisir. DONNE' à Paris le vingt deuxiéme jour de Juin, l'An de grace 1709. Et de nôtre Regne le soixante-septiéme. Par le ROY, en son Conseil. Signé, LE COMTE, avec Paraphe, &c.

J'ay cedé à Monsieur *Ballard*, seul Imprimeur du Roy pour la Musique, le present Privilege, suivant le Traité fait avec luy le 19e. jour d'Avril 1709. A Paris ce 12. Juillet 1709. Signé, GUYENET.

Registré sur le Registre N. 2. de la Communauté des Imprimeurs & Libraires de Paris, page 461. No. 901 & 902. conformément aux Reglements, & nottament à l'Arrest du Conseil du 13. Aoust 1703. du 12. Juillet 1709. Signé L. SEVESTRE, Syndic.